재미있고 공부가 되는
어린이 상어

재미있고 공부가 되는
어린이 상어

초판 인쇄 2025년 5월 15일
초판 발행 2025년 5월 25일

지은이 콘텐츠랩
펴낸이 진수진
펴낸곳 혜민BOOKS

주소 경기도 고양시 일산서구 대산로 53
출판등록 2013년 5월 30일 제2013-000078호
전화 031-911-3416
팩스 031-911-3417

* 본 도서는 무단 복제 및 전재를 법으로 금합니다.
* 가격은 표지 뒷면에 표기되어 있습니다.

재미있고 공부가 되는
어린이 상어

글·그림 콘텐츠랩

차례

꼬리기름상어	8
칠성상어	12
모조리상어	16
도돔발상어	20
돔발상어	24
곱상어	28
가시줄상어	32
톱상어	36
전자리상어	40
범수구리	44
괭이상어	48
삿징이상어	52
수염상어	56

얼룩상어	60
고래상어	64
강남상어	68
환도상어	72
돌묵상어	76
백상아리	80
청상아리	84
악상어	88
복상어	92
불범상어	96
두툽상어	100
표범상어	104

행락상어	108
개상어	112
별상어	116
까치상어	120
무태상어	124
흉상어	128
검은꼬리상어	132
뱀상어	136
청새리상어	140
펜두상어	144
아구상어	148
홍살귀상어	152
귀상어	156

제브라상어	160
레몬상어	164
비약상어	168
모래뱀상어	172
마귀상어	176
미흑점상어	180
황소상어	184
주름상어	188
뿔상어	192
투명상어	196
가래상어	200
스웰상어	204

꼬리기름상어

분류	사는곳	크기	먹이
동물계 > 척삭동물문 > 연골어강 > 신락상어과	전 세계 온대 및 열대 해역	몸길이 100~140센티미터	물고기, 오징어, 낙지, 문어, 새우, 게 등

칠성상어

분류	사는곳	크기	먹이
동물계 > 척삭동물문 > 연골어강 > 신락상어과	동아시아 바다·인도양·지중해 등 온대 해역	몸길이 300센티미터 안팎	가오리, 오징어, 문어, 낙지, 상어 등

모조리상어

분류	사는곳	크기	먹이
동물계 > 척삭동물문 > 연골어강 > 돔발상어과	한국, 일본, 중국, 대만, 오스트레일리아, 멕시코, 마다가스카르 연안	몸길이 40~70센티미터	물고기, 오징어, 새우, 게 등

도돔발상어

분류	사는곳	크기	먹이
동물계 > 척삭동물문 > 연골어강 > 돔발상어과	한국 남해, 일본, 중국, 필리핀, 오스트레일리아 등	몸길이 65~100센티미터	물고기, 오징어, 문어, 새우, 게 등

돔발상어

분류	사는곳	크기	먹이
동물계 > 척삭동물문 > 연골어강 > 돔발상어과	한국, 중국, 일본, 대만, 오스트레일리아 등	몸길이 70~100센티미터	물고기, 오징어, 새우, 게 등

곱상어

분류	사는곳	크기	먹이
동물계 > 척삭동물문 > 연골어강 > 돔발상어과	한국, 일본, 미국 서해안, 인도양, 북대서양 등	몸길이 65~100센티미터	대구, 명태, 오징어, 문어 등

가시줄상어

분류	사는곳	크기	먹이
동물계 > 척삭동물문 > 연골어강 > 가시줄상어과	전 세계 바다	몸길이 18~45센티미터	물고기, 오징어, 문어, 새우 등

톱상어

분류	사는곳	크기	먹이
동물계 > 척삭동물문 > 연골어강 > 톱상어과	남아프리카에서 오스트레일리아에 이르는 해역	몸길이 120~180센티미터	물고기, 오징어, 문어, 새우, 게 등

전자리상어

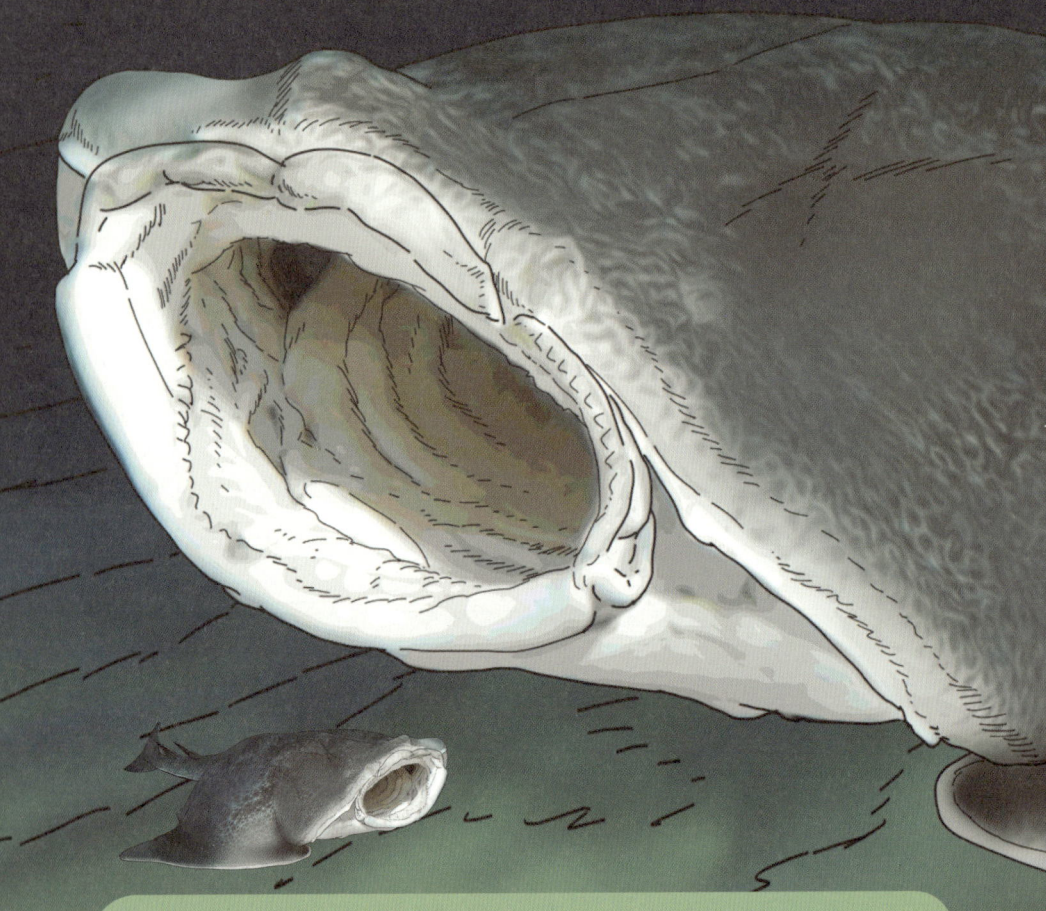

분류	사는곳	크기	먹이
동물계 > 척삭동물문 > 연골어강 > 전자리상어과	한국의 남해를 비롯해 일본, 중국 등	몸길이 120~200센티미터	민어, 가자미 등 물고기와 오징어 같은 연체동물

범수구리

분류	사는곳	크기	먹이
동물계 > 척삭동물문 > 연골어강 > 전자리상어과	한국, 일본, 대만 등	몸길이 160~300센티미터	다양한 물고기와 오징어 같은 연체동물

괭이상어

분류	사는곳	크기	먹이
동물계 > 척삭동물문 > 연골어강 > 괭이상어과	한국, 일본, 중국, 아프리카 대륙의 동쪽 바다	몸길이 100~120센티미터	물고기, 오징어, 새우, 게, 소라, 고둥 등

샷징이상어

분류	사는곳	크기	먹이
동물계 > 척삭동물문 > 연골어강 > 괭이상어과	한국, 일본, 중국, 동인도제도 등	몸길이 70~120센티미터	소라, 고둥, 새우, 게, 성게, 물고기 등

수염상어

분류	사는곳	크기	먹이
동물계 > 척삭동물문 > 연골어강 > 수염상어과	한국, 일본, 중국, 필리핀, 오스트레일리아 등	몸길이 85~100센티미터	얕은 바다에 사는 물고기와 갑각류 등

얼룩상어

분류	사는곳	크기	먹이
동물계 > 척삭동물문 > 연골어강 > 얼룩상어과	한국, 일본, 대만, 중국, 필리핀, 인도네시아, 스리랑카, 인도 등	몸길이 90~110센티미터	작은 물고기와 오징어, 문어 등

고래상어

분류	사는곳	크기	먹이
동물계 > 척삭동물문 > 연골어강 > 고래상어과	전 세계의 온대와 열대 먼 바다	몸길이 12~18미터	새우, 플랑크톤, 오징어, 갑각류 등

강남상어

분류	사는곳	크기	먹이
동물계 > 척삭동물문 > 연골어강 > 강남상어과	태평양, 인도양, 대서양	몸길이 80~110센티미터	작은 물고기와 오징어 등

환도상어

분류	사는곳	크기	먹이
동물계 > 척삭동물문 > 연골어강 > 환도상어과	태평양, 인도양, 대서양	몸길이 300~500센티미터	작은 물고기와 오징어 등

돌묵상어

분류	사는곳	크기	먹이
동물계 > 척삭동물문 > 연골어강 > 돌묵상어과	태평양, 대서양	몸길이 10~15미터	플랑크톤, 새우, 작은 물고기 등

백상아리

분류	사는곳	크기	먹이
동물계 > 척삭동물문 > 연골어강 > 악상어과	태평양, 인도양, 대서양	몸길이 300~600센티미터	물고기, 오징어, 바다사자, 바다표범, 물개, 돌고래, 바다새 등

주로 물고기를 비롯해 오징어 같은 연체동물을 잡아먹지만 바다사자, 바다표범, 물개, 돌고래, 바다새 등을 해치기도 합니다.

꺼억~

너무해... 좀 남겨주지.

바다의 최상위 포식자답게 배를 채울 만한 것이면 무엇이든 닥치는 대로 먹어치우지요.

백상아리는 첫 번째 등지느러미가 커다랗고 뾰족하게 솟은 것이 눈에 띕니다.

몸 색깔은 등 부분이 회색이고, 배 부분은 흰색이지요.

난태생으로 번식하며, 암컷이 한배에 10마리 안팎의 새끼를 낳습니다. 임신 기간은 11개월 정도지요.

엄마~
엄마~

청상아리

분류	사는곳	크기	먹이
동물계 > 척삭동물문 > 연골어강 > 악상어과	태평양, 인도양, 대서양	몸길이 250~500센티미터	물고기, 연체동물, 물개, 돌고래, 바다 생물의 사체 등

악상어

분류	사는곳	크기	먹이
동물계 > 척삭동물문 > 연골어강 > 악상어과	북태평양	몸길이 300센티미터 안팎	연어, 정어리, 오징어 등

복상어

분류	사는곳	크기	먹이
동물계 > 척삭동물문 > 연골어강 > 두툽상어과	한국, 일본, 대만, 오스트레일리아, 뉴질랜드 등	몸길이 90~150센티미터 안팎	물고기, 오징어, 새우, 게 등

복상어네. 여기서도 보는구나.

안녕~ 우린 상어 종류 가운데 수가 많은 편이야.

한국, 일본, 대만, 오스트레일리아, 뉴질랜드 해역에 살고있어.

태평양 북서부에서는 100~200미터 안팎의 수심에 주로 서식하지만, 오세아니아 대륙 인근에서는 수심 600미터 이상에서 살기도 해.

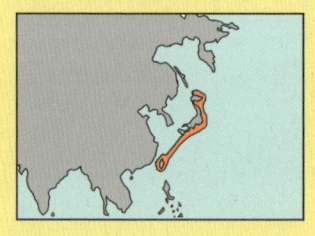

몸길이는 90~150센티미터 정도야.

92~150cm

2개의 등지느러미는 모두 몸 뒤쪽에 자리 잡고 있어.

머리가 납작하고 주둥이가 뾰족해.

불범상어

분류	사는곳	크기	먹이
동물계 > 척삭동물문 > 연골어강 > 두톱상어과	한국, 일본, 중국, 대만, 필리핀 등	몸길이 50센티미터 안팎	물고기, 오징어, 새우, 게, 갯가재 등

두툽상어

분류	사는곳	크기	먹이
동물계 > 척삭동물문 > 연골어강 > 두툽상어과	한국, 중국, 일본, 대만, 필리핀 등	몸길이 50센티미터 안팎	물고기, 오징어, 새우, 게 등

표범상어

분류	사는곳	크기	먹이
동물계 > 척삭동물문 > 연골어강 > 표범상어과	한국, 일본, 중국 등	몸길이 50센티미터 안팎	물고기, 오징어, 새우, 게, 갯가재 등

행락상어

분류	사는곳	크기	먹이
동물계 > 척삭동물문 > 연골어강 > 까치상어과	한국, 일본, 대만을 비롯한 북태평양	몸길이 110~170센티미터	물고기, 오징어 등

개상어

분류	사는곳	크기	먹이
동물계 > 척삭동물문 > 연골어강 > 까치상어과	한국, 일본, 필리핀, 말레이시아, 싱가포르, 오스트레일리아 등	몸길이 100센티미터 안팎	물고기, 오징어 등

별상어

분류	사는곳	크기	먹이
동물계 > 척삭동물문 > 연골어강 > 까치상어과	한국, 일본, 중국, 대만, 베트남 등	몸길이 100센티미터 안팎	물고기, 오징어, 새우, 게, 조개 등

까치상어

분류	사는곳	크기	먹이
동물계 > 척삭동물문 > 연골어강 > 까치상어과	한국, 일본, 대만, 중국, 필리핀 등	몸길이 100~150센티미터	물고기, 오징어, 새우, 게 등

무태상어

분류	사는곳	크기	먹이
동물계 > 척삭동물문 > 연골어강 > 흉상어과	태평양, 대서양, 인도양	몸길이 230~300센티미터	물고기, 오징어, 작은 상어 등

흉상어

분류	사는곳	크기	먹이
동물계 > 척삭동물문 > 연골어강 > 흉상어과	태평양, 대서양, 인도양	몸길이 250센티미터 안팎	물고기, 오징어, 새우, 게, 작은 상어 등

검은꼬리상어

분류	사는곳	크기	먹이
동물계 > 척삭동물문 > 연골어강 > 흉상어과	인도양을 비롯해 한국, 중국, 일본, 오스트레일리아 등	몸길이 110~150센티미터	물고기, 오징어, 문어, 새우, 게 등

뱀상어

분류	사는곳	크기	먹이
동물계 > 척삭동물문 > 연골어강 > 흉상어과	태평양, 대서양, 인도양	몸길이 500~600센티미터	물고기, 오징어, 새우, 게, 돌고래, 바다사자, 바다거북 등

청새리상어

분류	사는곳	크기	먹이
동물계 > 척삭동물문 > 연골어강 > 흉상어과	전 세계 온대와 열대 바다	몸길이 170~280센티미터	물고기, 오징어, 바다새, 게 등

펜두상어

분류	사는곳	크기	먹이
동물계 > 척삭동물문 > 연골어강 > 흉상어과	한국, 중국, 일본, 대만, 인도차이나, 오스트레일리아, 동인도제도 등	몸길이 100~120센티미터	물고기, 오징어, 문어, 새우, 게 등

아구상어

분류	사는곳	크기	먹이
동물계 > 척삭동물문 > 연골어강 > 흉상어과	한국, 일본, 대만, 인도차이나 해역 및 남태평양	몸길이 200센티미터 안팎	물고기, 오징어, 문어, 새우, 게 등

홍살귀상어

분류	사는곳	크기	먹이
동물계 > 척삭동물문 > 연골어강 > 귀상어과	태평양, 대서양, 인도양	몸길이 300센티미터 안팎	물고기, 오징어, 새우, 게 등

귀상어

분류	사는곳	크기	먹이
동물계 > 척삭동물문 > 연골어강 > 귀상어과	전 세계의 따뜻한 바다	몸길이 250~400센티미터	물고기, 오징어, 새우, 게, 해양 동물의 사체 등

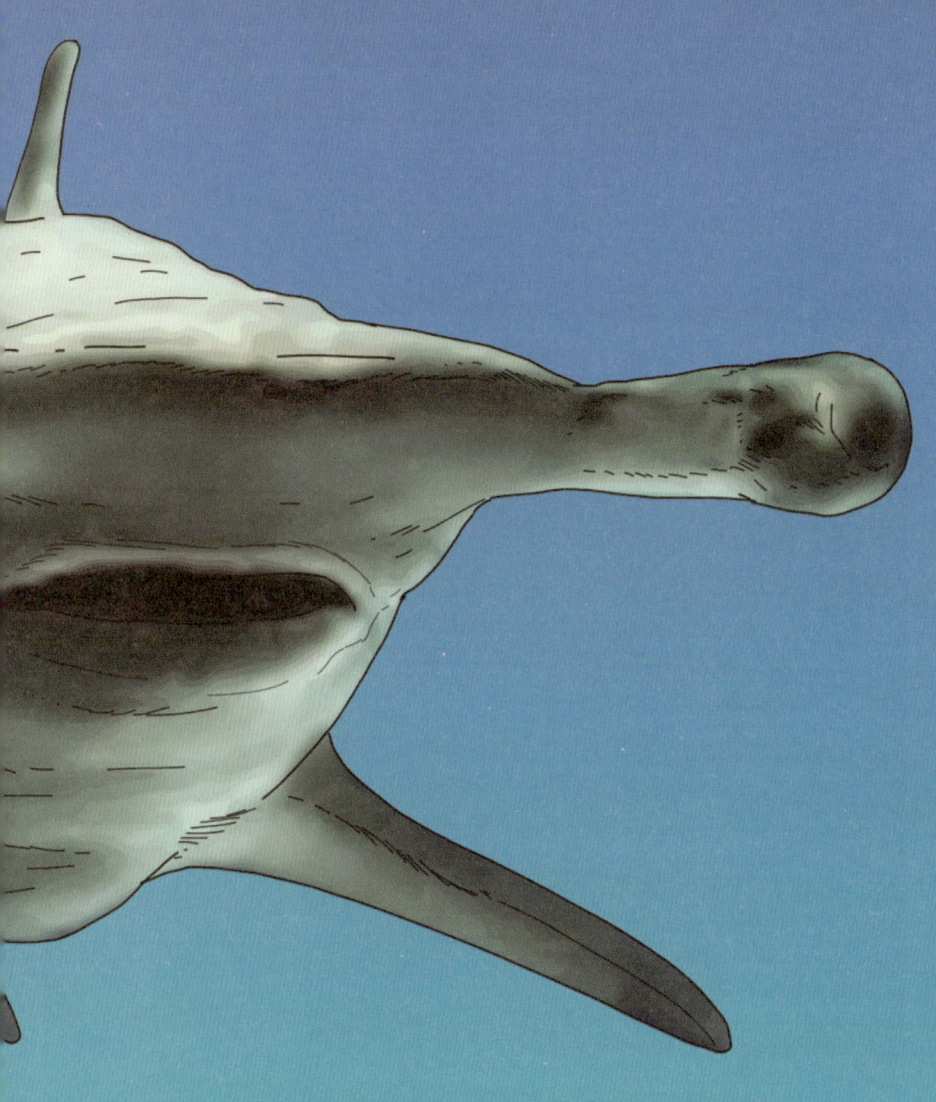

제브라상어

분류	사는곳	크기	먹이
동물계 > 척삭동물문 > 연골어강 > 얼룩말상어과	인도양, 태평양	몸길이 80~200센티미터	물고기, 새우, 게 등

레몬상어

분류	사는곳	크기	먹이
동물계 > 척삭동물문 > 연골어강 > 흉상어과	아메리카 대륙 연안, 아프리카의 대서양 쪽 연안, 태평양	몸길이 140~210센티미터	물고기, 오징어, 새우, 게 등

비악상어

분류	사는곳	크기	먹이
동물계 > 척삭동물문 > 연골어강 > 악상어과	대서양, 태평양, 인도양	몸길이 300센티미터 안팎	물고기, 오징어 등

모래뱀상어

분류	사는곳	크기	먹이
동물계 > 척삭동물문 > 연골어강 > 치사상어과	태평양, 인도양, 대서양	몸길이 200~350센티미터	물고기, 오징어, 문어 등

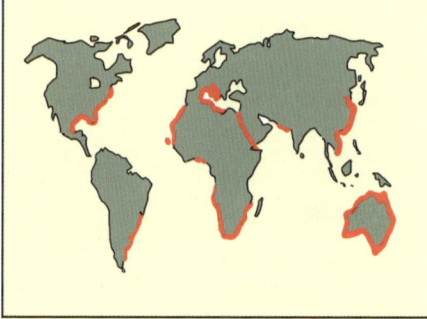

마귀상어

분류	사는곳	크기	먹이
동물계 > 척삭동물문 > 연골어강 > 마귀상어과	태평양, 대서양, 인도양	몸길이 200~500센티미터	물고기, 오징어, 꼴뚜기, 문어, 새우, 게, 조개 등

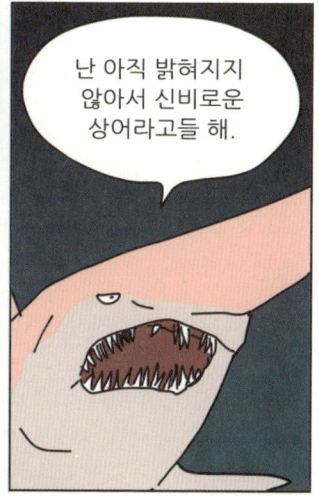

미흑점상어

분류	사는곳	크기	먹이
동물계 > 척삭동물문 > 연골어강 > 흉상어과	태평양, 대서양, 인도양	몸길이 200~330센티미터	물고기, 오징어, 문어, 새우, 게, 조개 등

황소상어

분류	사는곳	크기	먹이
동물계 > 척삭동물문 > 연골어강 > 흉상어과	남태평양, 인도양, 대서양	몸길이 240~330센티미터	물고기, 오징어, 게, 바다거북, 바다새, 돌고래, 작은 상어 등

주름상어

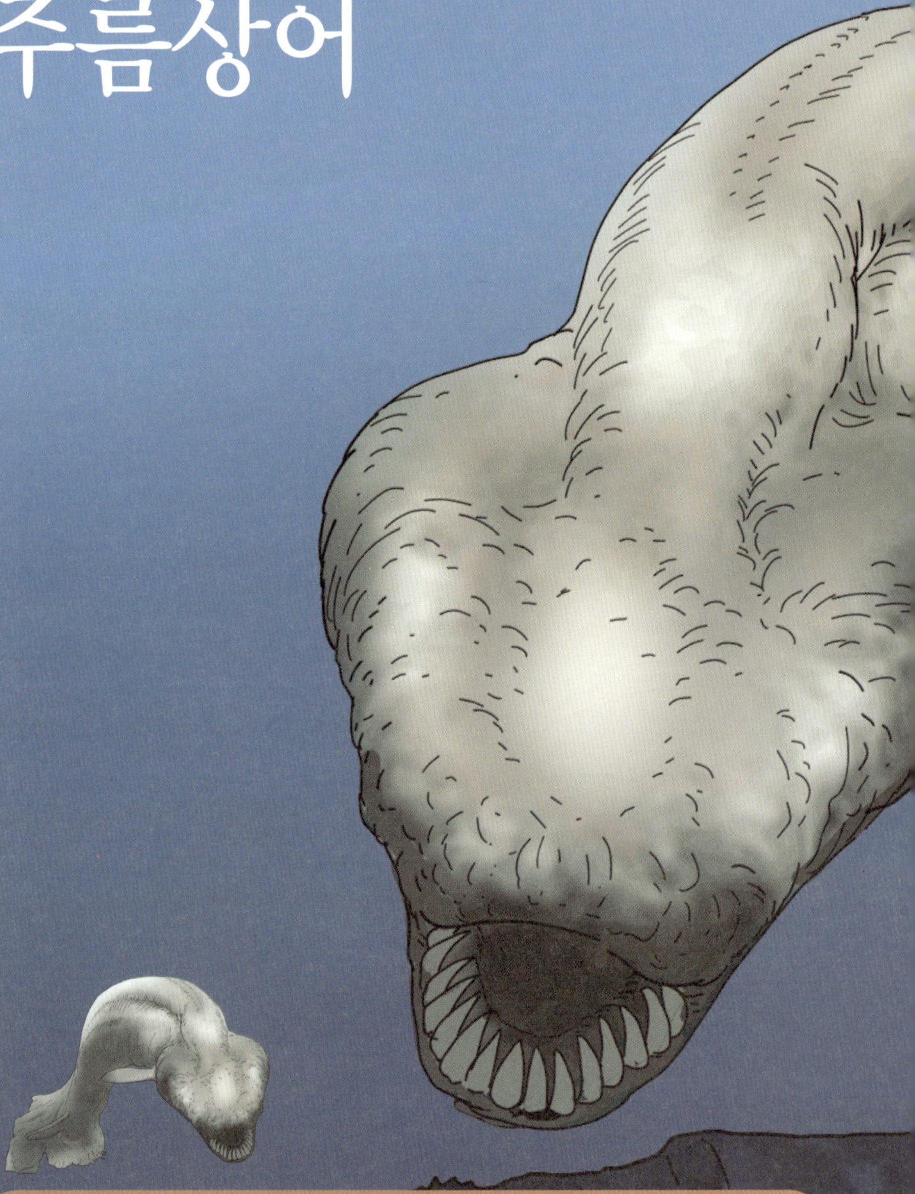

분류	사는곳	크기	먹이
동물계 > 척삭동물문 > 연골어강 > 주름상어과	일본, 중국, 오스트레일리아, 뉴질랜드, 스페인, 포르투갈, 미국, 칠레 등	몸길이 200센티미터 안팎	물고기, 오징어, 낙지, 문어, 게, 조개 등

뿔상어

분류	사는곳	크기	먹이
동물계 > 척삭동물문 > 연골어강 > 돔발상어과	한국, 일본, 중국 등	몸길이 50센티미터 안팎	물고기, 해삼, 게, 성게, 조개 등

투명상어

분류	사는곳	크기	먹이
동물계 > 척삭동물문 > 연골어강 > 가시줄상어과	태평양	몸길이 50센티미터 안팎	물고기, 오징어 등

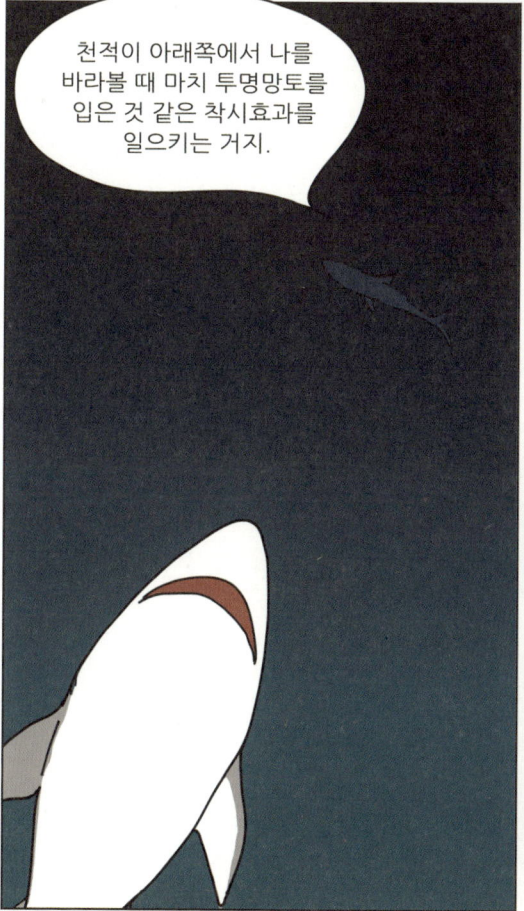

가래상어

분류	사는곳	크기	먹이
동물계 > 척삭동물문 > 연골어강 > 가래상어과	한국, 일본, 중국, 오스트레일리아 등	몸길이 50~100센티미터	물고기, 조개, 새우, 게 등

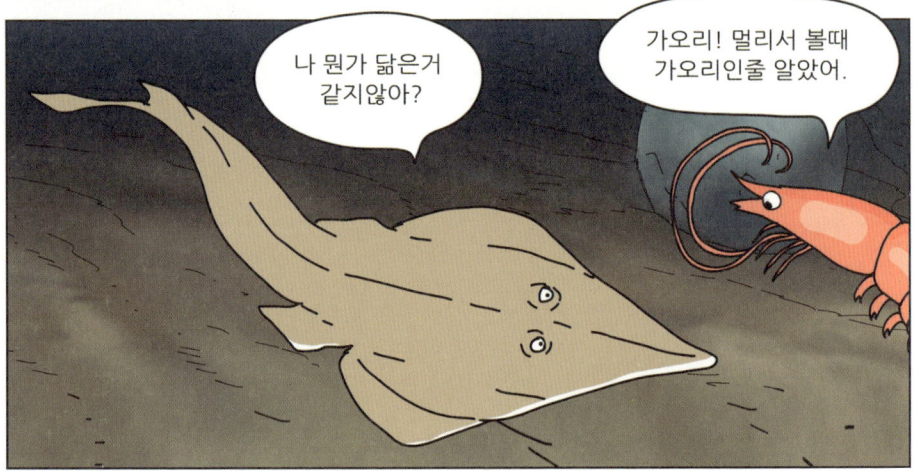

스웰상어

분류	사는곳	크기	먹이
동물계 > 척삭동물문 > 연골어강 > 두톱상어과	미국 캘리포니아부터 멕시코 남부 해역	몸길이 80~110센티미터	물고기, 새우, 게, 조개 등